시의 풍경

目不嫌手足寧
親生子終日惜

丙申孟春之日武林申永括

● 시인의 말

진달래꽃 바라보며 분홍빛 사랑으로 살자.

2024년 2월

제1부

바람의 멜로디

● 시인의 말

단풍길 ― 13
집게발 ― 14
가을 언어 ― 15
서정이 바람 부는 ― 16
싫도록 고와서 ― 17
솟대 ― 18
산속 집 한 채 ― 19
쌍무지개 ― 20
고마리 꽃 ― 21
내 발자국 1 ― 22
모란 ― 23
눈물 꽃 ― 24
호수 물방울 ― 25
꼽사리 ― 26
바람의 멜로디 ― 27
나 좀 보고 가렴 ― 28
촛대봉 ― 29
낙엽 서핑 ― 30
영덕게 ― 31
천사의 노래 ― 32
백설 꽃잎 ― 33
겨울 꽃잎 ― 34
새해 희망 ― 35

제2부
떠나신 당신

보고 싶은 사람 ― 39
구절초 향기 ― 40
배꽃 같은 당신 ― 41
고깔 쓴 여승 ― 42
연탄 한 장 ― 43
찬 서리 내리는 밤 ― 44
어머니 얼굴 ― 45
본 듯한 꼬마 ― 46
먼 세월 넘어 ― 47
떠나신 당신 ― 48
세월 고향 ― 49
바닷가 해송 ― 50
그때 거기 ― 51
깽깽이 꽃 ― 52
명절 ― 53
행복해질 때까지 ― 54
길들여지며 산다 ― 55
과거는 슬픈 이별 ― 58
인생 풍경 ― 59
커피 맛 나는 사람 ― 60
나는 누구인가 ― 61
소주 한 잔의 철학 ― 62
무소유 ― 63

제3부
허무의 착각

성취 __ 67

외로움 __ 68

뒤엉킨 파도 __ 69

내 비밀 하나 __ 70

아메리카 __ 71

변덕이 미쳐 날뛰는 것 __ 72

오늘의 횡재 __ 74

얼씨구절씨구 __ 75

허무의 착각 __ 76

사람의 욕망 __ 77

고독의 절규 __ 78

님은 산새 되어 __ 79

오솔길에 꽃 한 송이 __ 80

저녁 강도 울며 흐르네 __ 81

스탠드 달빛 __ 82

고향 간 달 __ 83

가뭄 비 __ 84

오만한 입소리 __ 85

길을 떠나자 __ 86

너와 나는 다르다 __ 88

낭만의 술잔 __ 89

새벽길 __ 90

그리워지도록 __ 91

제4부
정박 중인 섬

추녀 밑 물방울 ― 95
하얀 밤에 ― 96
겨울밤 메밀묵 ― 97
정박 중인 섬 ― 98
애처로운 낙엽 ― 99
소녀 천사의 노래 ― 100
들꽃 그리움 ― 101
가을 장미 ― 102
눈물 비 ― 104
맴돌다 간다 ― 105
잡초라 했는데 ― 106
눈물 그림자 ― 107
그림일기 ― 108
인내했으면 ― 109
봄의 풍경 ― 110
행복은 내 앞에 ― 111
울다 웃는다 ― 112
생각하면 늦는대요 ― 114
바람 부는 날 ― 116

제5부

못 견디게

장맛비 갠 날 — 121
열불 나는 여름밤 — 122
사랑도 — 123
고향길 — 124
가을 여인 — 125
아침 참새 — 126
박달재 — 127
망상 — 128
마른 풀밭에 — 129
금성 별 하나 — 130
못 견디게 — 131
해맑은 눈동자 — 132
내 발자국 2 — 133
꽃 정원 — 134
고란사 — 135
연자방아 눈 — 136
화려한 변신 — 137
임종하는 낙엽 — 138
봄꿈 꾸는 낙동강 — 139
단풍산 — 140
눈이 내리네 — 141
가을바람은 — 142
갈잎의 노래 — 143

제1부

바람의 멜로디

단풍길

깊은 골짜기
산사 가는 단풍길
낭만에 젖어 사색하는 가을

청춘이 늙어 서글픈 계절에
누가 걸어갔나
고독한 발자국 따라가는
호젓한 산길에

무심으로 면벽하는 산사
단풍잎 낙하 소리 귀에 걸고

흘러가는 물의 발작 소리
빨랫줄에서 펄럭이네

바람이 날아가는 나래 소리
상상봉에 구름이 귀 대이고 머물고
해 지는 풍경
저녁노을이 머무네

집게발

바닷가 모래밭에
누군가의 예술작품처럼
전시된 신비로운 조개껍질이
바람을 한가득 채우고

고향 잃은 바다 쪽으로
물 맑은 속살
벌거벗은 파도 소리를
듣고 있다

말똥게 한 마리가
노을을 집게발로 물고 와
조개껍질에 담긴 바람을
집게발로 꺼내 먹고 있네

가을 언어

낭만이
알밤처럼 쏟아지는 가을입니다

풀밭에 떨어진 알밤 같은
가을 언어들을
한 주머니 주워 넣고
파란 하늘로
가슴을 채웠습니다

실크 바람이 부는 대로
가을 길을 따라
서정이 노을로 물드는 길로

꿈을 잃어버린 인생
슬프지 않게 가렵니다

서정이 바람 부는

서정 같은 바람 부는 가슴에
고요로이 떨어지는 꽃잎
첫사랑 이별처럼
눈시울이 붉다

애절히 파고드는 그리움
서정의 그림을 가을로 그리다가
밤바람을 세련된 연인처럼
손잡고 걸어갑니다

그리운 님처럼
가을바람이 마음 깃을 스치면
설레는 오늘을
귀밑머리 날리는 가을로 살렵니다

싶도록 고와서

바다 위에 파도 소리
갈매기처럼 나르고

수평선 위에 초승달은
님의 눈웃음처럼
만지고 싶도록 고와서

눈 비비고
다시 보니 가버렸네

솟대

호숫가에 솟대가
물에 빠진
제 그림자를 건지려고

손짓 발짓으로
바람을 붙들고 허우적거리네

새소리 그림자
그 바람에
비아냥으로 왔다 가고

구름 그림자
보고도 못 본 척 그냥 가네

산속 집 한 채

깊고 깊은 산속 빈집 한 채
눈 속에 잠들어 고독을 꿈꾸고

앞산 그림자 다가서면
별빛이 내려와
물소리 바람 소리
업어가는 깊은 산속

한여름에 울던
꾀꼬리 소리 어데 갔나 했더니
여기 와 눈 속에 잠든
아름다운 꿈속 나라

고즈넉이 달빛이
구름 속에서
숨바꼭질로 찾아낸
산속 외딴 빈집 한 채

쌍무지개

해 질 무렵
소나기 삼 형제 지나가고

황금빛 고운 저녁노을
무지개 뜨면

허공으로 밀잠자리
눈알마다 쌍무지개 떠다니고

비 맞은 황소 눈에도
외양간으로 쌍무지개 뻗쳤네

소 모는 아이 두 눈에도
쌍무지개 빛 곱다

고마리 꽃

내가 오늘 무엇을 할까에
웃음이 들고
걱정도 안 되는 하루를
편안의 안녕으로
고마리 꽃 피는 여인의 마음 가을이다

단풍과 짜고 물든 노을
가슴에 물들고

별이 빛나는 밤에
구름 타고 가는 보름달이
처마 끝에 걸려
별나라 가고픈 내 손을 잡을 적

고마리 꽃 내 나는
가을 여인 치맛자락에
찬 바람이 펄럭 스미운다

내 발자국 1

가시거리 가물대는
눈 내리는 천사의 나라
아롱아롱 소곤대는 하얀 속삭임

하늘 천사들이 털어내는
향기가 폴폴 날리는 풍경 속에
피아노 선율처럼 눈이 내리고
내 노래가 내리면

하얀 오선지에 음표처럼
남기고 가는 내 발자국

모란

계절이 오고 가는
산책길에
예쁜 너 아름다운 너

모란이
매일 아침
예쁜 웃음 웃어 주어

날마다 아침이면
너를 보러 간다

봐도 봐도
날마다 봐도
못다 본 너

4월과 5월 사잇길로
라일락 보랏빛 향기 따라
섭섭히도 가버린 너

눈물 꽃

여름이 쓰고 버린
마른 꽃대 위에
꽃 잠자리 앉아
슬픈 노래 기타 치고

노래 젖은 가을 마음
어딘가 떠나고 싶어
갈까나 말까나

갈 곳도 없는 가을
구름 나그네 부러운 날

외로운 산길에
피다 진 야생화
눈물 꽃 피는 아침 이슬

호수 물방울

물방울 하나가
잠자는 호수를 깨웠다

동글동글 물 위의 파문이
호수의 나무 그림자를 쓸면

나무는 제 그림자를 찾느라
까치발 들고 서 있고

앞산은
족대 그물로
나무 그림자를 건지다가
호수에 빠져
물 파문에 개헤엄 치고 있네

꼽사리

초록 숨소리
잔잔한 밤에

개똥 불이 수풀을 헤치고
풀벌레 소리 찾아
으쌰지고
빤짝빤짝 하늘을 날더니

별 틈에
꼽사리 끼어
풀벌레 노래하는 별이 되었네

바람의 멜로디

하늘 선녀가
피아노 치는 선율 타고
오선지 음표가
날개 옷 춤을 추듯
눈이 내리네

허공 속에 파문을 타고
바람의 멜로디가
겨울 영혼처럼
하얗게 눈이 내리네

나 좀 보고 가렴

하천가
다소곳이 인기를 여미고
아름다운 매력으로
날 좋은 날 웃음 주고
비 오는 날
비로 사랑받아

사랑 젖은 고마리 꽃

냇물아 냇물아
그냥 가지 말고 나 좀 보고 가렴
내 감춰놓은 비밀 하나 줄게

내 이름은 고만이 풀

촛대봉

설화산*
우뚝 솟은 촛대봉에
촛불처럼 아침 해가 뜨고

매화나무도 없이
설중매 만발한 설화산이
민속 마을 으쌰지고
오르던 촛대봉에

봄여름 가을 없이
설화 꽃은 겨울로 피어 있네

*설화산 : 하얀 바위가 눈 덮인 산 같아서 설화산.

낙엽 서핑

동해바다에
벌건 불덩어리 아침 새해가
바다에 불똥을 흘리며
날개도 없이 하늘로 날아오르고

어제는 헌 해로 지더니
오늘은 새 해로 뜨고

구름 속에 숨어서 우는 날은
눈물이 바다가 되어
산골 물에도 파도가 치고

나뭇잎 하나
파도타기 서핑하고 있네

영덕게

동역 땅끝 마을에
아침 해가 뜨면

철새처럼 내려앉는
노을 도래지

노을에 물든 잔잔한 파도가
금빛 갈매기처럼 둥둥 떠다니면

영덕게가 물밑에서
집게발로 물었다 놨다 하고 있네

천사의 노래

구름이 하늘로 올라가
별을 털면
별 꽃잎처럼
눈이 하얗게 쏟아지는 밤

피아노 치는
청순한 소녀의 창가에
선율 따라
하늘에서
천사의 노랫소리
백설 타고 내리는 밤

백설 꽃잎

밤하늘에
별빛이 왜 안 보이나 했더니
백설 되어 지상으로 내렸네

백설이 내린 설야에
아침 햇살 퍼지면

여기저기 지천으로
빤짝빤짝 빛나는
별꽃이 피어
지상 천국
밤하늘이 되었네

겨울 꽃잎

봄에는
지상에서 꽃이 피고

겨울에는
하늘에서 꽃이 진다

봄에는
가로수 길에 벚꽃 잎이
눈발처럼 날리고

겨울에는
하늘에서
눈꽃 잎이 벚꽃 잎처럼 날린다

새해 희망

새해가
진줏빛 양수 터지는
동녘 바다에
밤새도록
어둠 속에서 잉태한
배부른 섬이
새해를 출산하면

바다는
황금빛 물 노을로
화려하게 차려입고
희망찬 한 해를 마중하고 있다

온통
황금빛으로 물든 바다
새 희망이
바다만큼
찬란하게 물들고 있다

제2부

떠나신 당신

보고 싶은 사람

초등학교 2학년 때
그림같이 예쁜 여선생님이
미술 시간에

내가 그리는 그림을
끝까지 지켜보시다가

들고 나가 칠판에 걸어놓고
참 잘 그렸다고
한 반 아이들 앞에서 칭찬을 해주어

그림 그리기를
여선생님처럼 좋아했지요

두고두고
늙어빠지도록
보고 싶은 사람

구절초 향기

노을처럼 물든 감 이파리
살며시 내려앉는
구절초 꽃밭에

감잎처럼 물든
구절초 향기가
꼬마 소녀들의 웃음으로
나비 등에 업혀 날아가는
파란 하늘에

누군가의 그리움이
가을로
한가득 멈춰 있습니다

배꽃 같은 당신

아프게 아프게
5월이 오면

배꽃 나무 아래
하얀 수건 쓴 당신이
배꽃보다 더 곱던 날

배꽃 향기처럼
들려오던 당신 목소리

그 목소리 남겨 놓고
배꽃 향기 따라
하늘 가신 당신

고깔 쓴 여승

고깔 쓴 풋내 나는 여승
시주하는 염불소리

여운의 그림자 따라가며
쑥국새 울고

깊은 골짜기
오솔길 몰고 가는 발걸음마다
뚝뚝 흘리고 가는 파름한 향내가
산새 소리처럼
산천에 퍼지고

속세 떠난 풍경소리에
고깔 밑에 눈시울이 붉다

연탄 한 장

엄마
연탄 한 장만 더 땔까

연탄구멍에
새끼 줄 꼬아
낑낑 언덕배기 오르던 판잣집

엄동설한 찬바람만 손님으로
찾아오던 그때 그 집

연탄 함석 굴뚝으로
연탄 연기 하늘로 날아오르고

내 어머니가 연기처럼
하늘 가신 곳

아파트 창밖에는
하얀 눈물이
그때처럼 눈이 내리네

찬 서리 내리는 밤

달빛의 입김이
찬 서리로 내린 밤

차가운 몸짓으로
국화꽃 위에 내려앉는
숨소리 멎은 낙엽이 애처로워
귀뚜라미 밤새워 청승맞게 울고

오늘을 두고 떠나가는
가을바람이 내일로 차가워
국화꽃 향기 매무새를 여미는 밤

낮에 들길에서
주워 온 들국화 여향이
나 홀로 술잔에 어리면

달빛 밟는
고독한 여인의 구두 소리가
창가에 낙숫물 소리처럼
지나가는 밤

어머니 얼굴

스산한 가을이 불어와
흩어진 쓸쓸함을 여미고
파란 하늘을 가슴에 안았더니

가을 마음 뭉게구름처럼 떠간다
해 질 녘
도시 한편에
산 그림자 조급하게 다가서는
찻집에 앉아

아름다운 가을날의 하루를
단풍산 위에 노을로 그리는
풍경을 바라보며

아메리카노
커피 한 잔의 향수를 마시면
찻잔 속에
내 동심을 사랑하던
어머니가 보인다

본 듯한 꼬마

고향 떠나올 때
디딤돌 다리 밑에
물그림자로
따라오던 꼬마는

낯익은 얼굴인데
내가 낯설었나
따라오다 어디 갔나

늙어 빠지도록
보고 싶은 그리운 얼굴

먼 세월 넘어

흰 구름처럼 넘나들던
성황당 길에

홀로 핀 꽃 한 송이
사랑했는데

고향 떠나올 때
말문을 감추고
젖은 눈시울을 여미던 꽃

먼 세월 넘어
창가에 아스라이 별 하나
시나브로 멀어져 갔네

떠나신 당신

불러도 대답 없는
님 가신 길에

눈썹 추녀 밑으로
슬픈 눈물방울이
아프게 아프게
발등에 떨어지던 길

당신을 보내고
잠도 안 오던 그 밤에

하얀 눈송이가
새벽종을 때리면
당신의 수심가로 들려오고

세월 멀리
꽃잎처럼 눈이 날리던 날
꽃잎처럼 떠나시던 당신
목 놓아 무치도록 울고 싶어라

세월 고향

울긋불긋 단풍 노을
가을바람으로
파란 하늘가에 그려지고

계절이 문을 닫고 떠나는 이별은
눈물 서린 가을꽃이 찬 서리에 운다

애처로운 가을꽃이 떠나면
세월의 고향만 거기 남아
떠난 이들의 눈물이 된다

되돌아가지 못하는 세월 고향
두고만 가는 애절한 그리움이다

바닷가 해송

땅끝 마을 문전을 드나드는 파도가
바다에서 조리질로 건져 올린 모래를
백사장에 널어 말리는 갯마을

갈매기 소리 벗 삼아
바람과 놀던 해송 몇 그루
잊지 못할 누군가를 그리워하며
떠나지 못하고 밤낮없이
바다만 바라보고 산다

어쩌다 여객선 지나가는 풍경
솔잎 눈썹 사이로
목 빠지게 바라보노라면
사금파리 부서진 조각들이
내 눈 문전으로
반짝반짝 드나든다

누군가 기다리고 싶도록 오지 않고
파도 소리 갈매기 소리만 왔다 간다

그때 거기

고향 떠나올 때
동네 앞길에서
환송해 주던 코스모스 꽃

이별이 슬프지도 않은지
게으른 황소 길게 하품하던
산골 동네

개울 물소리 따라오다 헤어진
피라미 낚시 하던 곳
뭣 하러 늙어 빠지도록 그리울까

가고파도 갈 수가 없고
보고파도 볼 수가 없네
그때 거기

깽깽이 꽃

당신이 그리운 날부터
깽깽이 꽃이
예쁜 것을 보았습니다

당신이 보고픈 날부터
깽깽이 보랏빛
당신의 마음을
보았습니다

그러나
당신처럼 떠나는
슬픈 계절입니다

명절

내일은 명절
오늘은 시장에서 제물을 사 들고 온다
늙은 부모의 정이
벌써 명절 쇠러 뒤를 따라온다
세월이 갈수록 더 슬픈 그리움이
발길에 눈물로 채일 때
눈물만 한 정이 어디 또 있으랴

저승 땅 햇빛이
피던 꽃대를 말릴 적
떠난 이들의 숨소리가 썩는다

산 넘고 물 건너
어릴 적 고향 땅 슬픔이
마른 눈물로 차례를 지낼 때
가난해서 슬픈 명절
어머니 수심가 소리에
떡가루 눈이
비아냥으로 내리더라

행복해질 때까지

고달픈 사람살이
따분해지거든
예쁜 꽃을 만나러 들길을 가자

들꽃들이 반갑다고 활짝 웃어주면
나도 빙그레 웃어주자

꽃이 웃고 내가 웃다가 정이 들면
우리는 내일을 서로 그리워하자

예쁜 매력에 포로가 되어
죽도록 사랑을 하자

그 꽃이 질 때면
하염없이 슬퍼지도록

그 겨울이 오면
못 견디게 그리워지도록

고달픈 삶이
그리움으로 행복해질 때까지

길들여지며 산다

사는 값을
슬프게 슬프게 치르는 사람들
어차피 사는 거
왜 슬프게 슬프게만
생각하는지 생각을 해본다

슬픔을 자꾸 슬프게 생각하면
자꾸자꾸 더 슬퍼져서
내 것이 되는 것을

술도 자꾸 먹으면 중독이 되고
담배도 자꾸 피우면
내가 술 담배에게 지배당하는 것

슬픈 시만 쓰면
자꾸 더 슬퍼지더라
외로움도 마찬가지
화도 내 버릇 하면
나도 모르게
습관적 상습적이 되는 것

무엇이든 자주 하면
거기에 길들여지는 것
싸움도 자주 하면
싸움꾼이 되고

종교도 믿으면 좋은 믿음 속에 빠진다
사람이란 참 묘한 습성이 있다
영리한 동물은 길들여지며 산다
이왕이면 즐거운 생각을 자주 하여
웃음으로 길들여지자

우리도 한번 잘 살아보세
새마을운동 시대
우리 민족이 왜정 36년
나라 없는 슬픔에 빠져
푸른 하늘 은하수
울 밑에 선 봉선화 같은
슬픈 노래에 젖은 국민성은
나라를 찾은 후에도
목포의 눈물, 이별의 부산 정거장

같은 노래만 좋아하던
국민의 마음을 바꾸기 위해

신바람 나게 춤추는
디스코 같은 노래를 유행시키고
이미자의 슬픈 노래들은
제한시키어 국민의 마음을 바꾸었다
만약에 새마을 노래를
슬픈 곡으로 작곡하여
이미자가 불렀다면
새마을 사업이 성공했을까
어림으로 생각해 본다

과거는 슬픈 이별

가고 싶다
그때 거기

망각증에 걸린 세월이
과거로 가는 길을
잊어버리고 못 찾아

과거는
만날 수 없는 슬픈 이별

인생 풍경

인생이 흘러가는 물처럼
두물머리서 맺은 인연
아우라지로 아우러져서

어긋나지 않는
부드러운 물에 순리로 살자

가다가 산이 막히면
돌아돌아 갈 적에

풍경 속에
진달래꽃 바라보며
분홍빛 사랑으로 살자

커피 맛 나는 사람

쓴맛을 알아야
살맛을 안다

커피 맛을 알아야
삶이 아름답다
아름다움은
인생의 커피 향기다

쓴맛 뒤에 숨은
커피 맛 나는 사람
만나고 싶다 보고 싶다

나는 누구인가

긴긴 겨울밤
오늘을 보내기가 아쉬워서
눈꺼풀을 전등불에 꿰어 달고

말 없는 친구와 같이 앉아
언어 맞추기 놀이하다가
어긋나서
볼썽사납게 구시렁대다가

문득
떠나버린 기적소리 그리워하다가
간이역에서 섭섭히 헤어진 어제를
사랑의 이별처럼 그리워하다가

12 열차 막차를 타고
한 해가 저무는 종점으로 달리는
나는 누구인가

소주 한 잔의 철학

소주 한 잔에
싸구려 해장국 한 그릇을 먹고
주머니 속에 천 원짜리 지폐 몇 장으로
하루를 살아도

하늘 아래 내가 살아 있어 감사하고
오늘이 있어 고맙고

어제 아프던 몸이
오늘 안 아프면
묵정밭에 망초대 같은 삶이
그저 그냥 고맙고

그리고 못 견디게 아픈
시련의 고통과 슬픔이 어쩌다 있어도
그리움이 있어
생이 아름답습니다

남의 삶과 비교하지 않는
오늘의 내가 좋습니다

무소유

물소리 바람 소리 벗 삼아
심신 산골 홀로 살던 법정 스님

외로운 세월의 무게만큼
깨달음을 얻으시어
무소유의 가르침 남기시고

중생들에게 진리를 설파하여
밝고 맑은 길을 가르쳐 주신
님이시여

자연의 침묵 속에
고독을 불심에 묻고
그것을 삶의 아름다움으로
평생을 살다 가신
쯔데기골 산거에는

스님 찾는 산새소리 풀벌레 울음소리
주인 잃은 물소리 바람 소리

*2010. 3. 13.

제3부

허무의 착각

성취

이슬같이 맑은 아침
어제가 밀려가고
오늘이 밀려오는

파름한 초록빛과 더불어
바람이 꽃을 애무하는
풀길에서
풀벌레 노랫소리 듣고 있나니

삶이란 모진 시련을
참고 견뎌야
풀벌레 소리처럼 아름다운 것

시련이 없으면 무의미한 것
행복도 시련이 만든 성취
인생은 쓰고 달아야 제맛이지

외로움

살아간다는 것은
혼자인 것이고
혼자라 외로운 것이다

저녁노을도 혼자라
외로워서 귀촉도가 울어주고
산길에 홀로 핀 야생화도
외로워서 밤이슬에 운다

달빛도 혼자라 외로워서
유리 벽을 넘어 나를 찾아오고

강 건너 불빛도 외로워서
어쩌라고
나만 보고 있지 않은가

이 세상 혼자 왔다
혼자 돌아가는
외로워서 사람이다

뒤엉킨 파도

지구가 연자방아 도는
아메리카 땅끝 나들목에서
해가 동해 바다로 와
까만 밤을 안녕으로
하얗게 깨웠다

바닷가
잠 깬 솔잎은
아메리카에서 돌아오느라
뒤엉킨 파도를 빗어주고

젖은 햇빛은
백사장에 널어 말리고 있네

내 비밀 하나

가을밤
적막을 깨우는 바람이
내 가슴에 비밀 하나 들춰내면

누군가에게
다 털어놓고 싶은 가을이다

서리 내리는 차가운 밤에
아무도 없이
때로는 별들도
외로움이 되고 친구가 되고
사랑이 되어
감춰진 내 비밀 반짝거린다

오늘 밤은
외로울 줄 아는 별 하나
내 방으로
커피 마시러 가만히 떨어진다

아메리카

나 홀로 깊은 밤에
망상에 빠져들어
엉터리 시를 쓰다가

퍼뜩
지구를 타고
연자방아 돌리던 해는

지금쯤 아메리카에서
나이아가라 폭포를 바라보다가

물이 깨지는 소리
으쌰지고
돌아오겠지

변덕이 미쳐 날뛰는 것

사는 일이
그리 쉬운 일만도 아니라서

그리 좋은 일만도 아니라서

같이 다니는 몸도 아팠다 안 아팠다
믿을 놈이 못 되고

내 안에 내 마음도
기분이 좋았다 나빴다
변덕이 죽 끓듯
양심은 쥐꼬리만큼도 없는 놈

그래서 울다 웃다
삶은 참 어수선한 것

그대들이여
부끄러워하지도 말고
숨기려 하지도 마라

세상살이는
완벽도 완성도 없이
연습으로 살다 가는 것
그래서
실패도 실수도 하는 법

나를 믿지 마라
어차피 삶은
변덕이 미쳐 날뛰는
미치광이일 뿐이다

오늘의 횡재

아침 해가
내게 포근하고 따듯한
해맑은 사랑을 안겨 주어

허벌레
웃음을 횡재했더니

행복이 수부룩이
발끝에 밟히고
손끝에 만져지네

얼씨구절씨구

얼씨구
오늘을 허락도 없이 가려거든

절씨구
내일은 그냥 오늘로
돌아오려무나

허무의 착각

고요로운 밤
창 너머 불빛은 별을 닮아가고
애련한 그리움은
가슴에 촛불 하나 켜 놓고
없어도 있는 듯이 기다리다가

허무의 미친 착각이 두려워
차라리 바보처럼 웃었다

산다는 것은 홀로 왔다
홀로 가는 것
외로워서 사람이라
누군가를 기다리고 싶은 것

사람의 욕망

하늘이 아무리 높아도
두 뼘도 안 되는
내 가슴에 들고

바다가 아무리 넓다 해도
손가락 두 마디도 안 되는
눈에 넣었으니
하늘아 바다야
내 앞에서 깝죽거리지 마라

산이 크다고 자랑 말고
높다고 으스대지 마라

새는
너보다 작아도
너보다
높이 난다

고독의 절규

절집같이
홀로 앉은 가을밤에
낙엽의 낙하 소리
가슴으로
귀청 떨어지게 들리고

소리 없는 적막은
고독을 절규하는 아우성

귀뚜라미 소리
귀걸이처럼 매달리고

절집이 못 견디게 외로워서
속세로 사랑을 시주 나온
떠돌이 풍경 소리는
야심한 밤
내게 사랑을 염불하더라

님은 산새 되어

님 가신 길에
봄은 오고

꽃은 피고
님은 아니 오시네

재 넘어 님 가신 길로
꽃 풍이 불어오면

님은 산새 되어
꽃 풍 타고 날아와
나를 부르는 산새소리

내 옷깃을 여미여 주고 가네

오솔길에 꽃 한 송이

지나간 봄 생각해 보니
오솔길에 꽃 한 송이
예쁘다 말해주지 못하고
그냥 지나왔네

수풀 사이 외로이 홀로 피어
나를 반겨 웃어주던 꽃
본 체 만 체
그냥 지나왔네

그 꽃이 지던 밤
나는 거기 없었네

꽃은 내 생각이 역겨워
홀로 지던 밤
한없이 혼자 슬피 울었겠네

저녁 강도 울며 흐르네

나이 먹은 날들은
자주 외로운 날들이다
때론
아주 많이
울고 싶은 날들이다

바닷새가 입 벌리고
바다를 다 삼켜도
모자랄 일이고

샛강에 저녁 물새가
하루를 슬피 울어도
못다 슬플 일이다

세월 따라가는 바람에
내가 울 일이고
오늘은
저녁 강물도 울며 흐를 일이다

스탠드 달빛

스탠드 달빛 아래
블로그는 내 친구
카페는 내가
밤마실 가는 사랑방
마실 군은 컴퓨터와 나뿐

컴퓨터 앞에 앉아
침묵하는 스탠드 달빛 아래

컴 창으로
손가락 걸음걸이가
기러기 떼 언어를 부르다가
오지 않아

정신 줄 묶어놓고
꿈나라로 갈까 말까 망설이다가

코에 묻은 커피 내음 그리워하다가
절집 같은 방으로 새벽이 저무네

고향 간 달

여름밤
나는 멍석에 누워 올려다보고
너는 내려다보며
같이 놀던 고운 달아

나 고향 떠나오던 날
밤으로 뒤따라오더니
어디서 무엇을 하다가

나 혼자 외로운 밤이면
유리창 너머로 찾아와
커피 동무하다가

날이 새니
아파트 옥상 꼭대기로
하늘 가버린 달아

가뭄 비

따분했던 가뭄 비가 내린다
올 듯 말 듯 그립고 그립던 비가
밤비로 후련하게 내린다

나 홀로 창가에
멀리 두고 온
애달프게 그립던 사랑 하나
사춘기 처녀의 가슴으로
설레는 행복의 노크 소리
또드락 또드락 밤비 내린다

그립고 그립던 이름
더 예쁘게 키워온 사랑으로
똘망하게 앉은 오늘은

가슴에 묻었던
사랑 고백처럼
밤비 소리 들려온다

오만한 입소리

못났으면
못난 대로 살지
뭐 그리 잘 났다고
오만한 입 소리 세상 들락거리며
내가 나를 울리나

구름을 비운 무언의 하늘은
저리도 맑고 푸른데

시름을 비우지 못한 내 가슴은
왜 이리도 마음을 아프게 하나

길을 떠나자

여름 내 땀에 찌든 번뇌 망상이
창문 너머로 찾아온
색바람에
생기 나는 말똥해진 밤에

너랑 나랑
일 년 만에 만난 반가움
우리 같이 술 한잔할래

삼겹살에 소주는 아니더라도
멸치 대가리 고추장 찍어
몇 년을 잠만 자고 있는
담금주를 깨워
기분 좋은 세상 속으로 뿅 가는
목구멍 잔치 벌여볼까

하늘이 돈짝만 해지고
눈앞에 내 세상이
왔다 갔다 흔들리면
우리는 비틀비틀 갈지자걸음으로

길을 떠나자
인생 아리랑 흥얼대며
번뇌 망상 망각하고 길을 떠나자

그리운 사랑이 있는 세상 속으로
슬픈 추억 아프지 않게
계절처럼 길을 떠나자

너와 나는 다르다

너는 똑똑하게 살았지만
나는 바보처럼 살았다
너는 이기고만 살았지만
나는 지고만 살았다
너는 참지 못해 화를 내고 살았지만
나는 참아가며 살았다
너는 챙기고만 살았지만
나는 베풀어가며 살았다

그런데
너는 내게 언젠가 물었지
너는 가는 곳마다 사람들이 너를 좋아하는데
나는 가는 곳마다 왜 나만 미워하는지 모르겠다고

글쎄
나도 잘 모르겠다
아름다운 세상 찾아
너 하는 짓 나 하는 짓이 다를 뿐인데

낭만의 술잔

왜 그럴까
괜스레 슬프고 싶을 때가 있다
이유도 없이 외롭고 싶을 때가 있다

그리움도
슬픔과 외로움으로 리모델링한 카페에서
이난영의 목포의 눈물 같은 노래 속에서
못 견디게 허허로운 그리움으로
술이나 취하도록 마시고 싶을 때가 있다

왜 이럴까
이런 심사를
고결한 낭만의 술잔이라 하던가

새벽길

새벽 문을 열고
어둠 속으로
등대처럼 동이 터 오는
동산에 오르니

새벽 샛별이
시선을 타고
열린 마음에 문으로 들어와
가슴속에서
아침 기분을 반짝 웃는다

오늘은
좋은 일이 있을 것만 같은
충만된 생기로
하루의 꿈을 열어 보자

또 하루가 별 볼 일 없을망정
어차피 사는 거

그리워지도록

오늘 만난
들꽃 하나에도
그리움을 두고 살자

저리도 아름다운
고운 웃음 내 님이시듯
내일 다시 만나고 싶은 꿈으로
마음 설렘이 있다면
살아 있어
오늘이 행복한 시간으로
즐거워하며 살자

그 겨울이 오면
못 견디게 그리워지도록

제4부
정박 중인 섬

추녀 밑 물방울

유리창에
토닥토닥
아가 재우는 엄마 손같이

자장가 소리 들리는
겨울비 내리는 밤비 소리

이웃집 아가는 잠이 들고

나는 잠이 깨여
별 대신 빗방울 소리 세고 있나

하늘에 별은
몇 개인지 빗속에 숨고
빗방울은 몇 개나 떨어졌을까

곰곰이 생각하다가
까만 밤이 하얀 밤으로
빗방울이 낮 별로 떨어져서
추녀 물방울로
동동 떠내려가네

하얀 밤에

흰 눈이 내리는
하얀 밤에

풀벌레 소리 동잠 들은
마른 꽃대 밑에
풀벌레 소리 선잠 들까 봐
조용조용히 내리네

명년 봄에 깨어날
꽃들의 예쁜 웃음소리 들리는지

마른 꽃대 위로
귀 대이고
잔뜩 들여다보고 있네

겨울밤 메밀묵

연탄불 아랫목은 따끈따끈한데
블록 집 외풍으로
숨소리가 등잔불에 안개꽃 피네

싸늘한 기적소리는
시베리아로 멀어져 가고
가까워지는 메밀묵 사려 소리
군침
꿀꺽 넘어가면

군대 담요에
나일론 뽕
왼배지기 화투장 패대기치는 소리
흐물흐물 박살 난 메밀묵
간 곳이 없어라

정박 중인 섬

언제나 내 가슴을
안아주는 바다

아침이면
하루 희망
뜨는 해를 싣고 떠나가는
정박하던 작은 섬 하나

저녁이면
황금빛 노을 싣고 돌아오네

애처로운 낙엽

낙엽이 떨어졌어도
아직은 살아 있어

바람에 꿈틀대며
마지막
바스락거리는 신음 소리
애처로워
차마 밟고 갈 수가 없어

빗자루로 한쪽에 모아주니
그제야 평화로운 죽음

영혼이 하늘로 날아가는
하늘 천사 되었네

소녀 천사의 노래

어젯밤 꽃잎이
연못에 비친
별을 그리워하다

꽃잎들이
연못으로 탐방탐방 떨어지면
동글동글 퍼져가는
물 파문 위로
피아노 선율처럼 퍼져가는

소녀 천사의 노랫소리
물 위에 동그라미
그리고 또 그리네

들꽃 그리움

그리움도 외로움도 사랑이라
들길에 홀로 서서
그리움으로 지치고
외로움으로
허기져 피어 있는 꽃

초록빛 그리움 사무치게 키우다가
가녀린 가슴 순정으로 열어 두고
빨간 미소 노란 미소
성급하게 웃어놓고

간절한 사랑 하나
그리움뿐으로 피워 놓은
외로운 들꽃

애타게 목마른 기다림
끝내 오지 않아
설운 눈물로 피다 지는 애처로움
밤을 지새운 눈물방울이
아침 이슬로 맺혀 있구나

가을 장미

제때가 아니면
어색하게 서투르듯
울섶에 홀로 핀 가을 장미
예쁘지만 썸 썸 그르다

누가 좋아한다고 새통맞게
허구한 날 제철에 못 다 피고
예쁜 바보는
시절도 모르는 시절이구나

내일이면 찬 서리가 내릴 텐데
서러워서 어쩌나
추위에 떨지 말고
눈물 없이 돌아갔다가

명년 6월에는
매서운 가시는 두고 오면
늦가을까지
홀로 피지 않아도 되리라

너를 예뻐하는 님
매서운 가시 없으면
진작에 올 테니까

눈물 비

가을이 떠나간 이별은
그리도 슬펐던가

어제 아침부터 울던 비가
지난밤까지 못다 울은 비가
울다 지쳐 입맛도 없나 보다
아침밥도 못 먹고 우는 것을 보니

네 설운 눈물
달래 줄 이도 없나 보다
또 하루가 저무는데
아직도 흐느껴 우는 것을 보니

맴돌다 간다

가고
못 오던
기억 속에 잠든
그리움을 깨우는 흰 눈이
창밖에서 내리면

치유될 수 없는 아픈 상처
덧없이 못 견디게 지나간 세월
만고풍상 핏빛으로 지나온 상념들이
시리게 아픈 시름으로

붉은 눈물 심장으로 흐르는 소리
소란히 맴돌다 간다

잡초라 했는데

보잘것없어
잡초라 했는데
꽃이 필 때 그리도 아름다운
신비스러운 너의 예쁜 매력

꽃이 질 때
슬프도록 아쉬운 이별
참 곱기도 하더니

눈 쌓인 이 밤에도 그리운 너
봄이 오면 너를
잡초라 부르지 않고
내 임이시듯 사랑하리

눈물 그림자

못 견디게 아픈 시련 싸서 지고
속세를 떠난 여심으로
슬픈 고독을 여미는 여승의 눈시울에
젖어드는 불경소리

아스라이 홀로 가는
사랑 젖은 눈물 그림자 위로
해탈하려 가슴 두드리는 목탁소리
아직 못 잊은 사랑 시주하러
속세로 내려가면

고적한 으스름 달빛 속에
밤새가 슬피 우네

풍경소리 바람에 울고
불경소리에 여승이 우네

그림일기

바다가 보이는
땅 끝에 서서
우두커니 바다를 바라봅니다

바다가 주는 파도 소리
낭만의 예술로 귓전에 들락거리고
갈매기 노랫소리 가슴에 담았더니
시름시름 상념들은
눈시울로 수평선에 던져졌네

이쯤이면
하루가 저무는
석양 노을에 서정적 예술로
오늘의 그림일기를 그려야지

아주 서툴게
내일도 그려야 되는 연습이니까

인내했으면

푸른 잎으로 젊은 계절을
바람 앞에 으스대더니
갈잎으로 떨어지는 낙하 소리
귀 대이고 잔뜩 쓸어 담다가

더 살고 싶어
바스락 숨소리
거미줄에 묶어 매놓고

시린 바람 아픈 시련
겨우살이 인내했으면

봄의 풍경

뒤뜰 목련 꽃나무에
아지랑이 아롱아롱
여우 불꽃 피고
불나비 불속에서 불타네

봄의 풍경 바람에 가고
계절 풍경 구름에 가네

작년에 간 봄은 늙어서 돌아오고
진달래꽃은 심술 나게 그냥 고와서

초승달 지는 밤을 울고 싶어라
귀촉도 울음처럼

행복은 내 앞에

창밖에는
소나무 가지 위로 흰 눈이 팡팡
시름없는
자유의 마음이 내리고

응접실에는
커피 물이 뽀글뽀글 끓는
평화로운 침묵의 공간에
행복이 숨어 있는 것 같죠
아닙니다

커피를 마시며
눈 내리는 풍경만 봐도
아름다운 어느 미인의 미소만 생각해도
행복은 눈앞에
마음 앞에 있습니다

울다 웃는다

꽃 꿈이 아롱대는
세상을 남겨둔 채
하얀 꽃눈이
폭죽처럼 터져 내리는 세상에서

주름 골 파뿌리가 밉다 하여
왕따 당해 쫓겨 온 삶이
거울 속에 허수아비로 남아
폐허의 들판에 바람의 종은 울리고

해후의 웃음은 마른 꽃대로 질펀히 누워
안갯속 오리무중 미래를 움치려다
하늘에 노여움으로 들키고

어둠에서 양지를 바라보던
가슴 답답한 기침소리
떼로 몰려
떼거지 시위를 해도 때가 아니면
새벽은 오지 않는다

진실은 사기꾼 대상이라
인정 없는 세상에 사기당하고
숭고의 존재는 얼마나 고귀하려고
설운 눈물에 바닷물을 섞었을까

이승 땅 세월에 발자국 소리를 세던 맥박 소리가
까닭 모를 세월에
저승사자가 잡아간 목숨
마른 풀잎 숨소리가 썩을 적

어젯밤 못다 슬픈 별들의 눈물이
하얀 눈으로 내릴 때
눈 위에 발자국처럼 떠난 이름 부르다가
왜 혼자가 외로운지 알 때까지
이것도 사람 사는 세상이려니 하고 울다 웃는다

생각하면 늦는대요

시는 제목을 먼저 써 놓고
목수가 짜맞추기식 집을 짓는 것보다
스스로 흐르는 강물 같아야 한대요

시인은 말을 타는 거래요
어디로 갈지 몰라요
시인은 붓으로 채찍질을 하면
말이 알아서 가 주는 거래요
거기는 내가 못 보던
아름다운 곳이어야 한대요

시는 생각하면 늦고
기다리면 어긋난대요
흐르는 영감을 잊어먹기 전에
나도 모르게
찰나에 받아 적어야 한대요

한 문장을 시작해 놓으면
그 문장이 스스로 말을 하게 돼 있대요
머리는 그 말을 언어로 옮겨 적는 심부름꾼이래요

시를 쓰다 보면 이것을 알아야 하고
스스로 느끼게 되는 거래요

바람 부는 날

바람 부는 날은 가슴이 펄럭거리고
비 오는 날은 마음이 척척하다
떠난 것들은 돌아오지 않고
돌아온 것들은 언제나 떠날 준비를 한다

어제는 죽고
오늘은 살았나
아침밥은 막창으로 쪼록쪼록 흐르고
점심 먹은 한나절이 숨을 쉰다

꿈을 줍다가 자빠진 상처는
가슴이 깨져서 울고
마음은 코피 터져 운다

까만 밤 세상 몰래
저승사자 지나가나
이웃집 개가 엉터리로 짖어대고

텔레비전은 세상을 잃어버린
누구의 이야기를 저리 혼자
구시렁대나

내 멋대로 못 가는 세상
제멋대로 가는 세월아

제5부

못 견디게

장맛비 갠 날

장맛비 갠 날 밤
밤무대 풀밭에
모처럼 만에 찌르레기
제 노래가 좋아 날밤 새우고

바람이
풀잎으로 드럼 치는
고요로운 아우성

귀뚜라미 소리
천국에 초대 받고
하늘여행 떠나는 밤에

별빛이 마중 오는 장맛비 갠 밤
매양 매미 찌찌 매미 소리
가을을 애타게 부르네

열불 나는 여름밤

해 넘어갔는데도
열불 나는 여름밤

모깃불 피워 놓고
기분 나쁜 모기 해금 소리에

제 손바닥으로 귀싸대기 얻어맞고
눈물 흘리는 밤

멍석에 누워
옥수수 하모니카 불며
별을 세다가

개똥 불에 헷갈리어
몇 개인지 다 까먹고 다시 세는데

안마당 귀퉁이 봉선화 꽃이
어둠 속에서
보일락 말락 웃고 있네

사랑도

한 쌍인 섬이
물 맑은 바다 위에
부부처럼 누워 있는 사랑도

옷 벗는 소리 나는 쪽으로
벌거벗은 속살을 보았습니다

사랑도가
서로 끌어안고
젖가슴 애무하는 파도 소리
들었습니다

고향길

꿈길처럼 고향 길 찾아갔더니
간이역 같던
없어진 주막거리를 지나
대문 같은 서낭당 길을 들어서니

앞개울에는 디딤돌 건너갈 때
따라오던 내 물그림자도 없는
회다리를 지나

동네 안으로 들어갔더니
내가 살던 초가삼간집도 없고
나물 뜯으러 간
내 엄니도 돌아오지 않고

성냥갑에 파리 잡아넣어
추동 개울로 피라미 낚시 간
어린 나도 돌아오지 않았다

가을 여인

아무리 봐도 꽃이다
가을 여인

보고 또 봐도 예쁘다
가을 패션

돌아보지 않는다
눈 도둑맞을까 봐

너무 비싸서 살 수가 없네

마음 부시게
아름다운 가을 여인

아침 참새

201802040628분
모닝커피 맛에
잠 깨는 사이
아침 참새 카톡 소리

고대 춘 봉우리
입춘 노을 곱다고
아침 창문을 열라 하네

박달재

가도 가도
굽이굽이 돌아돌아
한나절을 넘고 넘는
천등산 박달재가

바람이 넘다 쉬고
구름이 쉬어 넘던 곳

늙은 고목은 넘다 지쳐
가다 못 가고
산비둘기만 울고 넘는 고갯길

지금은
땅두더지가
천등산을 등에 지고
굴속을 들락거리네

망상

하루 종일
숨은 낮별을 찾아
풀잎을 헤치던 바람이
하늘 등불 꺼진
밤으로 잠들고

바람이 잠든
고요로운 풀밭에
풀벌레들의 콘서트
별빛이 내리네

마음속 깊은 곳에
한 세상이
어떻게 왔다 가는 것이
진리인지

서리 묻은 달빛이
시름에 잠겼네

마른 풀밭에

엄동설한이
지키고 있는
마른 풀밭에
얼어 죽은 꽃대들이
숨소리가 썩을 적

넋으로 서리 꽃은 피어
귀 대이고
잔뜩 들여다보고 있다가

명년 봄에 돌아올
숨어 있는 파란 웃음
바람이 흔들어 보다 가면

감춰 놓은 파름한 향내도
코로 살살 만져보다 간다

금성 별 하나

물기 내린 가지에
살짝
가을 소식이 앉았다

아침 새
어리둥절 갸웃대다
아침밥 먹으러 퍼뜩 날면
벌레 한 마리
찰나에 죽고

풀 죽은 더위가
석양에 노을을 줍는
허무를 닮은 하늘에는
금성 별 하나 외로이 떴네

못 견디게

새소리 살다 간
도시 미니공원에
가을이 찾아와
우두커니 앉아 있고

햇볕은 낙엽을 널어 말리느라
바쁜 한나절

심심한 바람이
이리저리 뒤적거리면

낙엽은
못 견디게 바스락거린다

해맑은 눈동자

눈 비비고 일어나
산책길 걸어가면

푸른 꿈 꾸다가
새벽잠 깬 풀잎 끝에

아침 햇살이 반짝 빛나는
이슬방울은

순박하고 청순한

꿈 많은 아이의
해맑은 눈동자

내 발자국 2

가을바람에
쫓겨 간 초록빛은
겨울 나라로 하얀 물 들이러 가고

많은 삶이 떠나간 들판에는
사색하는 고독이
겨울 침묵을 지키네

아침에 떠나
돌아오지 않는 하루는
내일로 잠들고

굴뚝새 찍찍거리면
날 궂는다는 전설로
내일은 눈이 오려나

내 발작 소리를 세느라
바쁜 초침 소리는
몇 보를 오고 몇 보를 가야 하나

꽃 정원

여름 꽃 정원에서
꽃잎 물들여
머플러 목에 두르고

치자꽃 향기 모아 짙게 뿌리고
집 대문을 뻔질나게 드나들던
사치스러운 멋쟁이 바람아

어젯밤
대문을 노크하는 서릿바람에
찬란한 꽃자리 내어주고
떠나야 할
너는 울고 있구나

고란사

고란사 풍경소리
삼천 궁녀 넋이 울고

낙화암에
삼천 꽃잎 낙하 소리
백마강이 우네

고란초 잎새마다
삼천궁녀 구곡간장
슬픈 가슴
백제의 한이 서렸네

연자방아 눈

마른 꽃대 위에
앉은 고추잠자리
초록빛 찾으러 왔다가

시린 바람에
저무는 가을을
간신히 붙들고 있네

연자방아 돌아가는
왕방울 눈에는
저녁노을이
강강술래 맴맴 도네

화려한 변신

여름 나뭇잎은
초록빛으로
가지에서만 바람에 흔들리다가
단풍 낙엽으로 떨어져서
가을이 저무는
노을빛으로 아름답더니

떨어진 단풍잎은
갈색 옷 갈아입고
바람의 신작로 길을 걸어가다가
시원치 않아

날개 옷 갈아입고
회오리바람 타고 하늘을 날아
가을이 저무는
하늘 천사가 되었네

임종하는 낙엽

으스름 달빛이
몸져누운 낙엽의 임종을
내려다보고 있는 골목길

임종하는 낙엽의 바스락 소리에
바람이 가던 발길 멈추고
죽었나 살았나
이리저리 뒤집어 보고 있는 찰나

여름내
바람에 숨 쉬던
푸른 잎이
낙엽으로 숨소리 거두고도
바람을 잡고
골목길을 왔다 갔다 맴맴 도네

봄꿈 꾸는 낙동강

낙동강 물
굽이굽이 에워 돌아
잔설에 눈 비비고
매화꽃 몽우리 바리바리 꾸려놓고
봄나들이 나서는
낙동강 칠백 리

아침 햇살 강물 위에
유리알로 부서지는 윤슬이 눈부시더니

저녁연기 추녀 끝에 기대서서
용고쇠 너머로 저녁노을 손짓하면
꽃구름으로 붉게 물든 낙동강 칠백 리
해가 저무네

단풍산

단풍산 비경에
꽃구름이
정자 하나 지어놓고
청풍명월 시조 한 수 읊으면

고즈넉이
운무 구름 내려와
귀 대이고 있네

눈이 내리네

초록 목숨들이
갈색으로 위장하고
겨울에 숨어
인내하며 사색하는 벌판에

겨울을 애무하는 바람 소리가
낙엽을 애무하면
바스락바스락 갈잎의 노래

피아노 선율처럼
눈이 내리네

가을바람은

가을바람은
말갛게 다소곳이 얌전한 몸짓

여름이 떠나던 마지막 밤
손톱에 봉숭아 물 곱게 들이고
가을 집으로 시집온
애교 미소 머금은
새색시 걸음걸이

아침저녁으로 사뿐사뿐
내게로 굴러오는
가을 묻은 떨어진 잎새 하나

갈잎의 노래

푸른 계절을 노래하던
새소리 떠난 미니공원에

청춘이 쓰고 버린 낙엽이
벤치에 앉아
지난날을 추억하는
서글픈 계절에
쓸쓸한 갈잎의 노래

하지만
앞산엔 황금 노을
뒷산엔 꽃단풍
계절이 주는
아름다운 선물이 있어

오늘 밤은 웃고 잠든 보금자리

문학세계대표작가선 1009

시의 풍경

武林 신영철 제7시집

인쇄 1판 1쇄   2024년 2월 22일
발행 1판 1쇄   2024년 2월 29일

지 은 이 : 신영철
펴 낸 이 : 김천우
펴 낸 곳 : 도서출판 천우
등   록 : 1992. 2. 15. 제1-1307호
주   소 : 서울시 광진구 구의강변로 85 강우빌딩 7F
전   화 : 02)2298-7661
팩   스 : 02)2298-7665
http://cafe.naver.com/chunwu777
E-mail : cw7661@naver.com
ⓒ 신영철, 2024.

값 15,000원

*도서출판 천우와 저자의 서면 동의 없는 무단 전재 및 복제를 금합니다.
*저자와의 협의에 따라 인지는 생략합니다.

ISSN 978-89-7954-919-5